PREFAZIONE

La raccolta di frasari da viaggio "Andrà tutto bene!" pubblicati da T&P Books è destinata a coloro che viaggiano all'estero per turismo e per motivi professionali. I frasari contengono ciò che conta di più - gli elementi essenziali per la comunicazione di base. Questa è un'indispensabile serie di frasi utili per "sopravvivere" durante i soggiorni all'estero.

Questo frasario potrà esservi di aiuto nella maggior parte dei casi in cui dovrete chiedere informazioni, ottenere indicazioni stradali, domandare quanto costa qualcosa, ecc. Risulterà molto utile per risolvere situazioni dove la comunicazione è difficile e i gesti non possono aiutarci.

Questo libro contiene molte frasi che sono state raggruppate a seconda degli argomenti più importanti. Inoltre, troverete un mini dizionario con i vocaboli più utili - i numeri, le ore, il calendario, i colori ...

Durante i vostri viaggi portate con voi il frasario "Andrà tutto bene!" e disporrete di un insostituibile compagno di viaggio che vi aiuterà nei momenti di difficoltà e vi insegnerà a non avere paura di parlare in un'altra lingua straniera.

INDICE

T&P Books Publishing

T&P Books Publishing

FRASARIO

CECO

I TERMINI E LE ESPRESSIONI PIÙ UTILI

Questo frasario contiene espressioni e domande di uso comune che risulteranno utili per intraprendere conversazioni di base con gli stranieri

Andrey Taranov

T&P BOOKS

Frasario + dizionario da 250 vocaboli

Frasario Italiano-Ceco e mini dizionario da 250 vocaboli

Di Andrey Taranov

La raccolta di frasari da viaggio "Andrà tutto bene!" pubblicati da T&P Books è destinata a coloro che viaggiano all'estero per turismo e per motivi professionali. I frasari contengono ciò che conta di più - gli elementi essenziali per la comunicazione di base. Questa è un'indispensabile serie di frasi utili per "sopravvivere" durante i soggiorni all'estero.

In aggiunta troverete un mini dizionario con 250 vocaboli che risulteranno utili nelle conversazioni di tutti i giorni - i nomi dei mesi e dei giorni della settimana, le unità di misura, i membri della famiglia e molto altro.

T&P Books Publishing
www.tpbooks.com

ISBN: 978-1-78492-678-6

Questo libro è disponibile anche in formato e-book.
Visitate il sito www.tpbooks.com o le principali librerie online.

PRONUNCIA

Alfabeto fonetico T&P	Esempio ceco	Esempio italiano
[a]	lavina [lav□na]	macchia
[aː]	banán [banaːn]	scusare
[e]	beseda [b□s□da]	meno, leggere
[ɛː]	chléb [xl□ːp]	essere
[ɪ]	Bible [b□bl□]	tattica
[iː]	chudý [xudiː]	scacchi
[o]	epocha [□poxa]	notte
[oː]	diagnóza [d□agnoːza]	coordinare
[u]	dokument [dokum□nt]	prugno
[uː]	chůva [xuːva]	discutere
[b]	babička [bab□□ka]	bianco
[ts]	celnice [□□ln□□□]	calzini
[tʃ]	vlčák [vl□aːk]	cinque
[x]	archeologie [arx□olog□e]	[h] dolce
[d]	delfín [d□lfiːn]	doccia
[dʲ]	Holanďan [holand□an]	melodia
[f]	atmosféra [atmosf□ːra]	ferrovia
[g]	galaxie [galaks□e]	guerriero
[h]	knihovna [kn□hovna]	[h] aspirate
[j]	jídlo [jiːdlo]	New York
[k]	zaplakat [zaplakat]	cometa
[l]	chlapec [xlap□□]	saluto
[m]	modelář [mod□laːr□]	mostra
[n]	imunita [□mun□ta]	notte
[nʲ]	báseň [baːs□n□]	stagno
[ŋk]	vstupenka [vstup□ŋka]	anca
[p]	poločas [polo□as]	pieno
[r]	senátor [s□naːtor]	ritmo, raro
[rʒ], [rʃ]	bouřka [bour□ka]	sci, pagina
[s]	svoboda [svoboda]	sapere
[ʃ]	šiška [□□□ka]	ruscello
[t]	turista [tur□sta]	tattica
[tʲ]	poušť [pou□t□]	utilità
[v]	veverka [v□v□rka]	volare
[z]	zapomínat [zapomiːnat]	rosa
[ʒ]	ložisko [lo□□sko]	beige

LISTA DELLE ABBREVIAZIONI

Italiano. Abbreviazioni

agg	-	aggettivo
anim.	-	animato
avv	-	avverbio
cong	-	congiunzione
ecc.	-	eccetera
f	-	sostantivo femminile
f pl	-	femminile plurale
fem.	-	femminile
form.	-	formale
inanim.	-	inanimato
inform.	-	familiare
m	-	sostantivo maschile
m pl	-	maschile plurale
m, f	-	maschile, femminile
masc.	-	maschile
mil.	-	militare
pl	-	plurale
pron	-	pronome
qc	-	qualcosa
qn	-	qualcuno
sing.	-	singolare
v aus	-	verbo ausiliare
vi	-	verbo intransitivo
vi, vt	-	verbo intransitivo, transitivo
vr	-	verbo riflessivo
vt	-	verbo transitivo

Ceco. Abbreviazioni

ž	-	sostantivo femminile
ž mn	-	femminile plurale
m	-	sostantivo maschile
m mn	-	maschile plurale
m, ž	-	maschile, femminile

mn	-	plurale
s	-	neutro
s mn	-	plurale neutro

T&P BOOKS

FRASARIO CECO

Questa sezione contiene frasi importanti che potranno rivelarsi utili in varie situazioni di vita quotidiana. Il frasario vi sarà di aiuto per chiedere indicazioni, chiarire il prezzo di qualcosa, comprare dei biglietti e ordinare pietanze in un ristorante

T&P Books Publishing

INDICE DEL FRASARIO

T&P Books Publishing

Mi scusi, ...	**Promiňte, ...** [promɪnˈtɛ, ...]
Buongiorno.	**Dobrý den.** [dobri: dɛn]
Grazie.	**Děkuji.** [dekujɪ]
Arrivederci.	**Na shledanou.** [na sxlɛdanou]
Sì.	**Ano.** [ano]
No.	**Ne.** [nɛ]
Non lo so.	**Nevím.** [nɛvi:m]
Dove? | Dove? (~ stai andando?) | Quando?	**Kde? | Kam? | Kdy?** [gdɛ? | kam? | gdɪ?]
Ho bisogno di ...	**Potřebuju ...** [potrʒɛbuju ...]
Voglio ...	**Chci ...** [xtsɪ ...]
Avete ...?	**Máte ...?** [ma:tɛ ...?]
C'è un /una/ ... qui?	**Je tady ...?** [jɛ tadɪ ...?]
Posso ...?	**Můžu ...?** [mu:ʒu ...?]
per favore	**..., prosím** [..., prosi:m]
Sto cercando ...	**Hledám ...** [hlɛda:m ...]
il bagno	**toaletu** [toalɛtu]
un bancomat	**bankomat** [baŋkomat]
una farmacia	**lékárnu** [lɛ:ka:rnu]
un ospedale	**nemocnici** [nɛmotsnɪtsɪ]
la stazione di polizia	**policejní stanici** [polɪtsɛjni: stanɪtsɪ]
la metro	**metro** [mɛtro]

un taxi	**taxík** [taksi:k]
la stazione (ferroviaria)	**vlakové nádraží** [vlakovɛ: na:draʒi:]

Mi chiamo ...	**Jmenuju se ...** [jmɛnuju sɛ ...]
Come si chiama?	**Jak se jmenujete?** [jak sɛ jmɛnujɛtɛ?]
Mi può aiutare, per favore?	**Můžete mi prosím pomoct?** [mu:ʒetɛ mɪ prosi:m pomotst?]
Ho un problema.	**Mám problém.** [ma:m problɛ:m]
Mi sento male.	**Necítím se dobře.** [nɛtsi:ti:m sɛ dobrʒɛ]
Chiamate l'ambulanza!	**Zavolejte sanitku!** [zavolɛjtɛ sanɪtku!]
Posso fare una telefonata?	**Můžu si zavolat?** [mu:ʒu sɪ zavolat?]

Mi dispiace.	**Omlouvám se.** [omlouva:m sɛ]
Prego.	**Není zač.** [nɛni: zatʃ]

io	**Já** [ja:]
tu	**ty** [tɪ]
lui	**on** [on]
lei	**ona** [ona]
loro (m)	**oni** [onɪ]
loro (f)	**ony** [onɪ]
noi	**my** [mɪ]
voi	**vy** [vɪ]
Lei	**vy** [vɪ]

ENTRATA	**VCHOD** [vxot]
USCITA	**VÝCHOD** [vi:xot]
FUORI SERVIZIO	**MIMO PROVOZ** [mɪmo provos]
CHIUSO	**ZAVŘENO** [zavrʒɛno]

APERTO	**OTEVŘENO** [otɛvrʒɛno]
DONNE	**ŽENY** [ʒenɪ]
UOMINI	**MUŽI** [muʒɪ]

Domande

Dove?	**Kde?** [gdɛ?]
Dove? (~ stai andando?)	**Kam?** [kam?]
Da dove?	**Odkud?** [otkut?]
Perchè?	**Proč?** [protʃ?]
Per quale motivo?	**Z jakého důvodu?** [z jakɛ:ho du:vodu?]
Quando?	**Kde?** [gdɛ?]

Per quanto tempo?	**Jak dlouho?** [jak dlouho?]
A che ora?	**V kolik hodin?** [v kolɪk hodɪn?]
Quanto?	**Kolik?** [kolɪk?]
Avete …?	**Máte …?** [ma:tɛ …?]
Dov'e …?	**Kde je …?** [gdɛ jɛ …?]

Che ore sono?	**Kolik je hodin?** [kolɪk jɛ hodɪn?]
Posso fare una telefonata?	**Můžu si zavolat?** [mu:ʒu sɪ zavolat?]
Chi è?	**Kdo je tam?** [gdo jɛ tam?]
Si può fumare qui?	**Můžu tady kouřit?** [mu:ʒu tadɪ kourʒɪt?]
Posso …?	**Můžu …?** [mu:ʒu …?]

Necessità

Vorrei ...	**Rád /Ráda/ bych ...** [ra:d /ra:da/ bɪx ...]
Non voglio ...	**Nechci ...** [nɛxtsɪ ...]
Ho sete.	**Mám žízeň.** [ma:m ʒi:zɛnʲ]
Ho sonno.	**Chce se mi spát.** [xtsɛ sɛ mɪ spa:t]

Voglio ...	**Chci ...** [xtsɪ ...]
lavarmi	**se umýt** [sɛ umi:t]
lavare i denti	**si vyčistit zuby** [sɪ vɪtʃɪstɪt zubɪ]
riposae un po'	**si chvilku odpočinout** [sɪ xvɪlku otpotʃɪnout]
cambiare i vestiti	**se převléknout** [sɛ prʒɛvlɛ:knout]

tornare in albergo	**se vrátit do hotelu** [sɛ vra:tɪt do hotɛlu]
comprare ...	**si koupit ...** [sɪ koupɪt ...]
andare a ...	**jít do ...** [ji:t do ...]
visitare ...	**navštívit ...** [navʃti:vɪt ...]
incontrare ...	**se setkat s ...** [sɛ sɛtkat s ...]
fare una telefonata	**si zavolat** [sɪ zavolat]

Sono stanco.	**Jsem unavený /unavená/.** [jsɛm unavɛni: /unavɛna:/]
Siamo stanchi.	**Jsme unavení /unaveny/.** [jsmɛ unavɛni: /unavɛnɪ/]
Ho freddo.	**Je mi zima.** [jɛ mɪ zɪma]
Ho caldo.	**Je mi horko.** [jɛ mɪ horko]
Sto bene.	**Jsem v pořádku.** [jsɛm v porʒa:tku]

Devo fare una telefonata.

Potřebuju si zavolat.
[potrʒɛbuju sɪ zavolat]

Devo andare in bagno.

Potřebuju jít na toaletu.
[potrʒɛbuju ji:t na toalɛtu]

Devo andare.

Musím už jít.
[musi:m uʒ ji:t]

Devo andare adesso.

Teď už musím jít.
[tɛtʲ uʒ musi:m ji:t]

Come chiedere indicazioni

Mi scusi, ...	**Promiňte, ...** [promɪnˈtɛ, ...]
Dove si trova ...?	**Kde je ...?** [gdɛ jɛ ...?]
Da che parte è ...?	**Kudy ...?** [kudɪ ...?]
Mi può aiutare, per favore?	**Můžete mi prosím pomoct?** [muːʒetɛ mɪ prosiːm pomotst?]
Sto cercando ...	**Hledám ...** [hlɛdaːm ...]
Sto cercando l'uscita.	**Hledám východ.** [hlɛdaːm viːxot]
Sto andando a ...	**Jdu ...** [jdu ...]
Sto andando nella direzione giusta per ...?	**Jdu správným směrem do ...?** [jdu spraːvniːm smnerɛm do ...?]
E' lontano?	**Je to daleko?** [jɛ to dalɛko?]
Posso andarci a piedi?	**Dostanu se tam pěšky?** [dostanu sɛ tam peʃkɪ?]
Può mostrarmi sulla piantina?	**Můžete mi to ukázat na mapě?** [muːʒetɛ mɪ to ukaːzat na mape?]
Può mostrarmi dove ci troviamo adesso.	**Ukažte mi, kde právě teď jsme.** [ukaʃtɛ mɪ, gdɛ praːve tɛdʲ jsmɛ]
Qui	**Tady** [tadɪ]
Là	**Tam** [tam]
Da questa parte	**Tudy** [tudɪ]
Giri a destra.	**Odbočte doprava.** [odbotʃtɛ doprava]
Giri a sinistra.	**Odbočte doleva.** [odbotʃtɛ dolɛva]
La prima (la seconda, la terza) strada	**první (druhá, třetí) odbočka** [prvni: (druha:, trʒɛti:) odbotʃka]

a destra	**doprava** [doprava]
a sinistra	**doleva** [dolɛva]
Vada sempre dritto.	**Jděte stále rovně.** [jdetɛ staːlɛ rovne]

Segnaletica

BENVENUTO!	**VÍTEJTE!** [viːtɛjtɛ!]
ENTRATA	**VCHOD** [vxot]
USCITA	**VÝCHOD** [viːxot]

SPINGERE	**TLAČIT** [tlatʃɪt]
TIRARE	**TÁHNOUT** [taːhnout]
APERTO	**OTEVŘENO** [otɛvrʒɛno]
CHIUSO	**ZAVŘENO** [zavrʒɛno]

DONNE	**ŽENY** [ʒenɪ]
UOMINI	**MUŽI** [muʒɪ]
BAGNO UOMINI	**PÁNI** [paːnɪ]
BAGNO DONNE	**DÁMY** [daːmɪ]

SALDI | SCONTI	**VÝPRODEJ** [viːprodɛj]
IN SALDO	**VÝPRODEJ** [viːprodɛj]
GRATIS	**ZDARMA** [zdarma]
NOVITA!	**NOVINKA!** [novɪŋka!]
ATTENZIONE!	**POZOR!** [pozor!]

COMPLETO	**PLNĚ OBSAZENO** [plne opsazɛno]
RISERVATO	**REZERVACE** [rɛzɛrvatsɛ]
AMMINISTRAZIONE	**VEDENÍ** [vɛdɛniː]
RISERVATO AL PERSONALE	**VSTUP JEN PRO ZAMĚSTNANCE** [vstup jɛn pro zamnestnantsɛ]

ATTENTI AL CANE!	**POZOR PES!** [pozor pɛs!]
VIETATO FUMARE	**ZÁKAZ KOUŘENÍ** [zaːkaz kourʒɛniː]
NON TOCCARE	**NEDOTÝKEJTE SE** [nɛdotiːkɛjtɛ sɛ]
PERICOLOSO	**ŽIVOTU NEBEZPEČNÉ** [ʒɪvotu nɛbɛzpɛtʃnɛː]
PERICOLO	**NEBEZPEČNÉ** [nɛbɛspɛtʃnɛː]
ALTA TENSIONE	**VYSOKÉ NAPĚTÍ** [vɪsokɛː napeti]
DIVIETO DI BALNEAZIONE	**ZÁKAZ KOUPÁNÍ** [zaːkaz koupaːniː]

FUORI SERVIZIO	**MIMO PROVOZ** [mɪmo provos]
INFIAMMABILE	**HOŘLAVÉ** [horʒlavɛː]
VIETATO	**ZAKÁZÁNO** [zakaːzaːno]
VIETATO L'ACCESSO	**ZÁKAZ VSTUPU** [zaːkaz vstupu]
PITTURA FRESCA	**ČERSTVĚ NATŘENO** [tʃerstve natrʃɛno]

CHIUSO PER RESTAURO	**UZAVŘENO Z DŮVODU REKONSTRUKCE** [uzavrʒɛno z duːvodu rɛkonstruktsɛ]
LAVORI IN CORSO	**PRÁCE NA SILNICI** [praːtsɛ na sɪlnɪtsɪ]
DEVIAZIONE	**OBJÍŽĎKA** [objiːʒdʲka]

Mezzi di trasporto - Frasi generiche

aereo	**letadlo** [lɛtadlo]
treno	**vlak** [vlak]
autobus	**autobus** [autobus]
traghetto	**trajekt** [trajɛkt]
taxi	**taxík** [taksi:k]
macchina	**auto** [auto]

orario	**jízdní řád** [ji:zdni: rʒa:t]
Dove posso vedere l'orario?	**Kde se můžu podívat na jízdní řád?** [gdɛ sɛ mu:ʒu podi:vat na ji:zdni: rʒa:t?]
giorni feriali	**pracovní dny** [pratsovni: dnɪ]
giorni di festa (domenica)	**víkendy** [vi:kɛndɪ]
giorni festivi	**prázdniny** [pra:zdnɪnɪ]

PARTENZA	**ODJEZD** [odjɛst]
ARRIVO	**PŘÍJEZD** [prʃi:jɛst]
IN RITARDO	**ZPOŽDĚNÍ** [zpoʒdeni:]
CANCELLATO	**ZRUŠENO** [zruʃɛno]

il prossimo (treno, ecc.)	**příští** [prʃi:ʃti:]
il primo	**první** [prvni:]
l'ultimo	**poslední** [poslɛdni:]

Quando è il prossimo ...?	**Kdy jede příští ...?** [gdɪ jɛdɛ prʒi:ʃti: ...?]
Quando è il primo ...?	**Kdy jede první ...?** [gdɪ jɛdɛ prvni: ...?]

Quando è l'ultimo …?

Kdy jede poslední …?
[gdɪ jɛdɛ poslɛdni: …?]

scalo

přestup
[prʃɛstup]

effettuare uno scalo

přestoupit
[prʃɛstoupɪt]

Devo cambiare?

Musím přestupovat?
[musi:m prʃɛstupovat?]

Acquistando un biglietto

Dove posso comprare i biglietti?	**Kde si mohu koupit jízdenky?** [gdɛ sɪ mohu koupɪt jiːzdɛŋkɪ?]
biglietto	**jízdenka** [jiːzdɛŋka]
comprare un biglietto	**koupit si jízdenku** [koupɪt sɪ jiːzdɛŋku]
il prezzo del biglietto	**cena jízdenky** [tsɛna jiːzdɛŋkɪ]

Dove?	**Kam?** [kam?]
In quale stazione?	**Do jaké stanice?** [do jakɛ: stanɪtsɛ?]
Avrei bisogno di ...	**Potřebuju ...** [potrʒɛbuju ...]
un biglietto	**jednu jízdenku** [jɛdnu jiːzdɛŋku]
due biglietti	**dvě jízdenky** [dve jiːzdɛŋkɪ]
tre biglietti	**tři jízdenky** [trʒɪ jiːzdɛŋkɪ]

solo andata	**jízdenka jedním směrem** [jiːzdɛŋka jɛdniːm smnerɛm]
andata e ritorno	**zpáteční jízdenka** [zpaːtɛtʃniː jiːzdɛŋka]
prima classe	**první třída** [prvniː trʒiːda]
seconda classe	**druhá třída** [druhaː trʒiːda]

oggi	**dnes** [dnɛs]
domani	**zítra** [ziːtra]
dopodomani	**pozítří** [poziːtrʃiː]
la mattina	**dopoledne** [dopolɛdnɛ]
nel pomeriggio	**odpoledne** [otpolɛdnɛ]
la sera	**večer** [vɛtʃɛr]

posto lato corridoio	**sedadlo u uličky** [sɛdadlo u ulɪtʃkɪ]
posto lato finestrino	**sedadlo u okna** [sɛdadlo u okna]
Quanto?	**Kolik?** [kolɪk?]
Posso pagare con la carta di credito?	**Můžu platit kreditní kartou?** [muːʒu platɪt krɛdɪtni: kartou?]

Autobus

autobus	**autobus** [autobus]
autobus interurbano	**meziměstský autobus** [mɛzɪmnestski: autobus]
fermata dell'autobus	**autobusová zastávka** [autobusova: zasta:fka]
Dov'è la fermata dell'autobus più vicina?	**Kde je nejbližší autobusová zastávka?** [gdɛ jɛ nɛjblɪʒʃi: autobusova: zasta:fka?]

numero	**číslo** [tʃi:slo]
Quale autobus devo prendere per andare a …?	**Jakým autobusem se dostanu do …?** [jaki:m autobusɛm sɛ dostanu do …?]
Questo autobus va a …?	**Jede tento autobus do …?** [jɛdɛ tɛnto autobus do …?]
Qual'è la frequenza delle corse degli autobus?	**Jak často jezdí tento autobus?** [jak tʃasto jɛzdi: tɛnto autobus?]

ogni 15 minuti	**každých patnáct minut** [kaʒdi:x patna:tst mɪnut]
ogni mezzora	**každou půlhodinu** [kaʒdou pu:lhodɪnu]
ogni ora	**každou hodinu** [kaʒdou hodɪnu]
più a volte al giorno	**několikrát za den** [nekolɪkra:t za dɛn]
… volte al giorno	**… krát za den** [… kra:t za dɛn]

orario	**jízdní řád** [ji:zdni: rʒa:t]
Dove posso vedere l'orario?	**Kde se můžu podívat na jízdní řád?** [gdɛ sɛ mu:ʒu podi:vat na ji:zdni: rʒa:t?]
Quando passa il prossimo autobus?	**Kdy jede příští autobus?** [gdɪ jɛdɛ prʒi:ʃti: autobus?]
A che ora è il primo autobus?	**Kdy jede první autobus?** [gdɪ jɛdɛ prvni: autobus?]
A che ora è l'ultimo autobus?	**Kdy jede poslední autobus?** [gdɪ jɛdɛ poslɛdni: autobus?]

fermata	**zastávka** [zasta:fka]
prossima fermata	**příští zastávka** [prʃi:ʃti: zasta:fka]

ultima fermata

poslední zastávka
[poslɛdni: zasta:fka]

Può fermarsi qui, per favore.

Zastavte tady, prosím.
[zastaftɛ tadɪ, prosi:m]

Mi scusi, questa è la mia fermata.

Promiňte, já tady vystupuju.
[promɪnʲtɛ, ja: tadɪ vɪstupuju]

Treno

treno	**vlak** [vlak]
treno locale	**příměstský vlak** [prʒi:mnestskɪ vlak]
treno a lunga percorrenza	**dálkový vlak** [da:lkovi: vlak]
stazione (~ ferroviaria)	**vlakové nádraží** [vlakove: na:draʒi:]
Mi scusi, dov'è l'uscita per il binario?	**Promiňte, kde je vstup na nástupiště?** [promɪnʲtɛ, gdɛ jɛ vstup na na:stupɪʃtɛ?]

Questo treno va a ...?	**Jede tento vlak do ...?** [jɛdɛ tɛnto vlak do ...?]
il prossimo treno	**příští vlak** [prʃi:ʃti: vlak]
Quando è il prossimo treno?	**Kdy jede příští vlak?** [gdɪ jɛdɛ prʒi:ʃti: vlak?]
Dove posso vedere l'orario?	**Kde se můžu podívat na jízdní řád?** [gdɛ sɛ mu:ʒu podi:vat na ji:zdni: rʒa:t?]
Da quale binario?	**Ze kterého nástupiště?** [zɛ ktɛrɛ:ho na:stupɪʃtɛ?]
Quando il treno arriva a ... ?	**Kdy přijede tento vlak do ...?** [gdɪ prʃɪjɛdɛ tɛnto vlak do ...?]

Mi può aiutare, per favore.	**Můžete mi prosím pomoct?** [mu:ʒɛtɛ mɪ prosi:m pomotst?]
Sto cercando il mio posto.	**Hledám své místo.** [hlɛda:m svɛ: mi:sto]
Stiamo cercando i nostri posti.	**Hledáme svá místa.** [hlɛda:mɛ sva: mi:sta]
Il mio posto è occupato.	**Moje místo je obsazeno.** [mojɛ mi:sto jɛ opsazɛno]
I nostri posti sono occupati.	**Naše místa jsou obsazena.** [naʃɛ mi:sta jsou opsazɛna]

Mi scusi, ma questo è il mio posto.	**Promiňte, ale toto je moje místo.** [promɪnʲtɛ, alɛ toto jɛ mojɛ mi:sto]
E' occupato?	**Je toto místo volné?** [jɛ toto mi:sto volnɛ:?]
Posso sedermi qui?	**Můžu si zde sednout?** [mu:ʒu sɪ zdɛ sɛdnout?]

Sul treno - Dialogo (Senza il biglietto)

Biglietto per favore.	**Jízdenku, prosím.** [ji:zdɛŋku, prosi:m]
Non ho il biglietto.	**Nemám jízdenku.** [nɛma:m ji:zdɛŋku]
Ho perso il biglietto.	**Ztratil jsem jízdenku.** [stratɪl jsɛm ji:zdɛŋku]
Ho dimenticato il biglietto a casa.	**Zapomněl svou jízdenku doma.** [zapomel svou ji:zdɛŋku doma]

Può acquistare il biglietto da me.	**Jízdenku si můžete koupit u mě.** [ji:zdɛŋku sɪ mu:ʒetɛ koupɪt u mne]
Deve anche pagare una multa.	**Také budete muset zaplatit pokutu.** [takɛ: budɛtɛ musɛt zaplatɪt pokutu]
Va bene.	**Dobrá.** [dobra:]
Dove va?	**Kam jedete?** [kam jɛdɛtɛ?]
Vado a ...	**Jedu do ...** [jɛdu do ...]

Quanto? Non capisco.	**Kolik? Nerozumím.** [kolɪk? nɛrozumi:m]
Può scriverlo per favore.	**Napište to, prosím.** [napɪʃtɛ to, prosi:m]
D'accordo. Posso pagare con la carta di credito?	**Dobrá. Můžu platit kreditní kartou?** [dobra:. mu:ʒu platɪt krɛdɪtni: kartou?]
Sì.	**Ano, můžete.** [ano, mu:ʒetɛ]

Ecco la sua ricevuta.	**Tady je vaše stvrzenka.** [tadɪ jɛ vaʃɛ stvrzɛŋka]
Mi dispiace per la multa.	**Omlouvám se za tu pokutu.** [omlouva:m sɛ za tu pokutu]
Va bene così. È stata colpa mia.	**To je v pořádku. Je to moje chyba.** [to jɛ v porʒa:tku. jɛ to mojɛ xɪba]
Buon viaggio.	**Příjemnou cestu.** [prʒi:jɛmnou tsɛstu]

Taxi

taxi	**taxík** [taksi:k]
tassista	**taxikář** [taksɪka:rʒ]
prendere un taxi	**chytit si taxík** [xɪtɪt sɪ taksi:k]
posteggio taxi	**stanoviště taxíků** [stanovɪʃte taksi:ku:]
Dove posso prendere un taxi?	**Kde můžu sehnat taxík?** [gdɛ mu:ʒu sɛhnat taksi:k?]
chiamare un taxi	**volat taxík** [volat taksi:k]
Ho bisogno di un taxi.	**Potřebuju taxík.** [potrʒɛbuju taksi:k]
Adesso.	**Hned teď.** [hnɛt tɛtʲ]
Qual'è il suo indirizzo?	**Jaká je vaše adresa?** [jaka: jɛ vaʃɛ adrɛsa?]
Il mio indirizzo è ...	**Moje adresa je ...** [mojɛ adrɛsa jɛ ...]
La sua destinazione?	**Váš cíl?** [va:ʃ tsi:l?]

Mi scusi, ...	**Promiňte, ...** [promɪnʲtɛ, ...]
E' libero?	**Jste volný?** [jstɛ volni:?]
Quanto costa andare a ...?	**Kolik to stojí do ...?** [kolɪk to stoji: do ...?]
Sapete dove si trova?	**Víte, kde to je?** [vi:tɛ, gdɛ to jɛ?]

All'aeroporto, per favore.	**Na letiště, prosím.** [na lɛtɪʃte, prosi:m]
Si fermi qui, per favore.	**Zastavte tady, prosím.** [zastaftɛ tadɪ, prosi:m]
Non è qui.	**To není tady.** [to nɛni: tadɪ]
È l'indirizzo sbagliato.	**To je nesprávná adresa.** [to jɛ nɛspra:vna: adrɛsa]
Giri a sinistra.	**Zabočte doleva.** [zabotʃtɛ dolɛva]
Giri a destra.	**Zabočte doprava.** [zabotʃtɛ doprava]

Quanto le devo?

Kolik vám dlužím?
[kolɪk vaːm dluʒiːm?]

Potrei avere una ricevuta, per favore.

Chtěl /Chtěla/ bych stvrzenku, prosím.
[xtel /xtela/ bɪx stvrzɛŋku, prosiːm]

Tenga il resto.

Drobné si nechte.
[drobnɛː sɪ nɛxtɛ]

Può aspettarmi, per favore?

Můžete tady na mě počkat?
[muːʒetɛ tadɪ na mne potʃkat?]

cinque minuti

pět minut
[pet mɪnut]

dieci minuti

deset minut
[dɛsɛt mɪnut]

quindici minuti

patnáct minut
[patnaːtst mɪnut]

venti minuti

dvacet minut
[dvatsɛt mɪnut]

mezzora

půl hodiny
[puːl hodɪnɪ]

Hotel

Salve.	**Dobrý den.** [dobri: dɛn]
Mi chiamo …	**Jmenuju se …** [jmɛnuju sɛ …]
Ho prenotato una camera.	**Mám tady rezervaci.** [ma:m tadɪ rɛzɛrvatsɪ]
Ho bisogno di …	**Potřebuju …** [potrʒɛbuju …]
una camera singola	**jednolůžkový pokoj** [jɛdnolu:ʃkovi: pokoj]
una camera doppia	**dvoulůžkový pokoj** [dvoulu:ʃkovi: pokoj]
Quanto costa questo?	**Kolik to stojí?** [kolɪk to stoji:?]
È un po' caro.	**To je trochu drahé.** [to jɛ troxu drahɛ:]
Avete qualcos'altro?	**Máte nějaké další možnosti?** [ma:tɛ nejakɛ: dalʃi: moʒnostɪ?]
La prendo.	**To si vezmu.** [to sɪ vɛzmu]
Pago in contanti.	**Budu platit v hotovosti.** [budu platɪt v hotovostɪ]
Ho un problema.	**Mám problém.** [ma:m problɛ:m]
Il mio … è rotto.	**… je rozbitý /rozbitá/.** [… jɛ rozbɪtí: /rozbɪta:/]
Il mio … è fuori servizio.	**… je mimo provoz.** [… jɛ mɪmo provoz]
televisore	**Můj televizor …** [mu:j tɛlɛvɪzor …]
condizionatore	**Moje klimatizace …** [mojɛ klɪmatɪzatsɛ …]
rubinetto	**Můj kohoutek …** [mu:j kohoutɛk …]
doccia	**Moje sprcha …** [mojɛ sprxa …]
lavandino	**Můj dřez …** [mu:j drʒɛz …]
cassaforte	**Můj sejf …** [mu:j sɛjf …]

serratura	**Můj zámek ...** [mu:j za:mɛk ...]
presa elettrica	**Moje elektrická zásuvka ...** [mojɛ ɛlɛktrɪtska: za:sufka ...]
asciugacapelli	**Můj fén ...** [mu:j fɛ:n ...]

Non ho ...	**Nemám ...** [nɛma:m ...]
l'acqua	**vodu** [vodu]
la luce	**světlo** [svetlo]
l'elettricità	**elektřinu** [ɛlɛktrʒɪnu]

Può darmi ...?	**Můžete mi dát ...?** [mu:ʒɛtɛ mɪ da:t ...?]
un asciugamano	**ručník** [rutʃni:k]
una coperta	**přikrývku** [prʒɪkri:fku]
delle pantofole	**bačkory** [batʃkorɪ]
un accappatoio	**župan** [ʒupan]
dello shampoo	**šampón** [ʃampón]
del sapone	**mýdlo** [mi:dlo]

Vorrei cambiare la camera.	**Chtěl bych vyměnit pokoje.** [xtel bɪx vɪmnenɪt pokojɛ]
Non trovo la chiave.	**Nemůžu najít klíč.** [nɛmu:ʒu naji:t kli:tʃ]
Potrebbe aprire la mia camera, per favore?	**Můžete mi otevřít pokoj, prosím?** [mu:ʒɛtɛ mɪ otɛvrʒi:t pokoj, prosi:m?]
Chi è?	**Kdo je tam?** [gdo jɛ tam?]
Avanti!	**Vstupte!** [vstuptɛ!]
Un attimo!	**Minutku!** [mɪnutku!]
Non adesso, per favore.	**Teď ne, prosím.** [tɛtʲ nɛ, prosi:m]

Può venire nella mia camera, per favore.	**Pojďte do mého pokoje, prosím.** [pojdʲtɛ do mɛ:ho pokojɛ, prosi:m]
Vorrei ordinare qualcosa da mangiare.	**Chtěl bych si objednat jídlo.** [xtel bɪx sɪ objɛdnat ji:dlo]
Il mio numero di camera è ...	**Číslo mého pokoje je ...** [tʃi:slo mɛ:ho pokojɛ jɛ ...]

Parto ...	**Odjíždím ...** [odɟiːʒdiːm ...]
Partiamo ...	**Odjíždíme ...** [odɟiːʒdiːmɛ ...]
adesso	**hned teď** [hnɛt tɛtʲ]
questo pomeriggio	**dnes odpoledne** [dnɛs otpolɛdnɛ]
stasera	**dnes večer** [dnɛs vɛtʃɛr]
domani	**zítra** [ziːtra]
domani mattina	**zítra dopoledne** [ziːtra dopolɛdnɛ]
domani sera	**zítra večer** [ziːtra vɛtʃɛr]
dopodomani	**pozítří** [poziːtrʃiː]

Vorrei pagare.	**Chtěl bych zaplatit.** [xtel bɪx zaplatɪt]
È stato tutto magnifico.	**Všechno bylo skvělé.** [vʃɛxno bɪlo skvelɛː]
Dove posso prendere un taxi?	**Kde můžu sehnat taxík?** [gdɛ muːʒu sɛhnat taksiːk?]
Potrebbe chiamarmi un taxi, per favore?	**Můžete mi zavolat taxík, prosím?** [muːʒetɛ mɪ zavolat taksiːk, prosiːm?]

Al Ristorante

Posso vedere il menù, per favore?	**Můžu se podívat na jídelní lístek, prosím?** [muːʒu sɛ podiːvat na jiːdɛlni: liːstɛk, prosiːm?]
Un tavolo per una persona.	**Stůl pro jednoho.** [stuːl pro jɛdnoho]
Siamo in due (tre, quattro).	**Jsme dva (tři, čtyři).** [jsmɛ dva (trʒɪ, tʃtɪrʒɪ)]

Fumatori	**Kuřáci** [kurʒaːtsɪ]
Non fumatori	**Nekuřáci** [nɛkurʒaːtsɪ]
Mi scusi!	**Promiňte!** [promɪɲ'tɛ!]
il menù	**jídelní lístek** [jiːdɛlni: liːstɛk]
la lista dei vini	**vinný lístek** [vɪnniː liːstɛk]
Posso avere il menù, per favore.	**Jídelní lístek, prosím.** [jiːdɛlni: liːstɛk, prosi:m]

È pronto per ordinare?	**Vybrali jste si?** [vɪbralɪ jstɛ sɪ?]
Cosa gradisce?	**Co si dáte?** [tso sɪ da:tɛ?]
Prendo ...	**Dám si ...** [da:m sɪ ...]

Sono vegetariano.	**Jsem vegetarián.** [jsɛm vɛgɛtaria:n]
carne	**maso** [maso]
pesce	**ryba** [rɪba]
verdure	**zelenina** [zɛlɛnɪna]
Avete dei piatti vegetariani?	**Máte vegetariánská jídla?** [ma:tɛ vɛgɛtaria:nska: ji:dla?]
Non mangio carne di maiale.	**Nejím vepřové.** [nɛji:m vɛprʃovɛ:]
Lui /lei/ non mangia la carne.	**On /ona/ nejí maso.** [on /ona/ nɛji: maso]

Sono allergico a ...	**Jsem alergický /alergická/ na ...** [jsɛm alɛrgɪtski: /alɛrgɪtska:/ na ...]
Potrebbe portarmi ...	**Přinesl byste mi prosím ...** [prʒɪnɛsl bɪstɛ mɪ prosi:m ...]
del sale | del pepe | dello zucchero	**sůl | pepř | cukr** [su:l | pɛprʒ | tsukr]
un caffè | un tè | un dolce	**kávu | čaj | zákusek** [ka:vu | tʃaj | za:kusɛk]
dell'acqua | frizzante | naturale	**vodu | perlivou | neperlivou** [vodu | pɛrlɪvou | nɛpɛrlɪvou]
un cucchiaio | una forchetta | un coltello	**lžíci | vidličku | nůž** [lʒi:tsɪ | vɪdlɪtʃku | nu:ʒ]
un piatto | un tovagliolo	**talíř | ubrousek** [tali:rʒ | ubrousɛk]

Buon appetito!	**Dobrou chuť!** [dobrou xutʲ!]
Un altro, per favore.	**Ještě jednou, prosím.** [jɛʃte jɛdnou, prosi:m]
È stato squisito.	**Bylo to výborné.** [bɪlo to vi:bornɛ:]

il conto | il resto | la mancia	**účet | drobné | spropitné** [u:tʃɛt | drobnɛ: | spropɪtnɛ:]
Il conto, per favore.	**Účet, prosím.** [u:tʃɛt, prosi:m]
Posso pagare con la carta di credito?	**Můžu platit kreditní kartou?** [mu:ʒu platɪt krɛdɪtni: kartou?]
Mi scusi, c'è un errore.	**Omlouvám se, ale tady je chyba.** [omlouva:m sɛ, alɛ tadɪ jɛ xɪba]

Shopping

Posso aiutarla?	**Co si přejete?** [tso sɪ prʒɛjɛtɛ?]
Avete ...?	**Máte ...?** [maːtɛ ...?]
Sto cercando ...	**Hledám ...** [hlɛdaːm ...]
Ho bisogno di ...	**Potřebuju ...** [potrʒɛbuju ...]

Sto guardando.	**Jen se dívám.** [jɛn sɛ diːvaːm]
Stiamo guardando.	**Jen se díváme.** [jɛn sɛ diːvaːmɛ]
Ripasserò più tardi.	**Vrátím se později.** [vraːtiːm sɛ pozdejɪ]
Ripasseremo più tardi.	**Vrátíme se později.** [vraːtiːmɛ sɛ pozdejɪ]
sconti | saldi	**slevy | výprodej** [slɛvɪ | viːprodɛj]

Per favore, mi può far vedere ...?	**Můžete mi prosím ukázat ...** [muːʒɛtɛ mɪ prosiːm ukaːzat ...]
Per favore, potrebbe darmi ...	**Můžete mi prosím dát ...** [muːʒɛtɛ mɪ prosiːm daːt ...]
Posso provarlo?	**Můžu si to vyzkoušet?** [muːʒu sɪ to vɪskouʃɛt?]
Mi scusi, dov'è il camerino?	**Promiňte, kde je zkušební kabinka?** [promɪnⁱtɛ, gdɛ jɛ skuʃɛbni: kabɪŋka?]
Che colore desidera?	**Jakou byste chtěl /chtěla/ barvu?** [jakou bɪstɛ xtel /xtela/ barvu?]
taglia | lunghezza	**velikost | délku** [vɛlɪkost | dɛːlku]
Come le sta?	**Jak vám to sedí?** [jak vaːm to sɛdiː?]

Quanto costa questo?	**Kolik to stojí?** [kolɪk to stojiː?]
È troppo caro.	**To je příliš drahé.** [to jɛ prʃiːlɪʃ drahɛː]
Lo prendo.	**Vezmu si to.** [vɛzmu sɪ to]
Mi scusi, dov'è la cassa?	**Promiňte, kde můžu zaplatit?** [promɪnⁱtɛ, gdɛ muːʒu zaplatɪt?]

Paga in contanti o con carta di credito?	**Budete platit v hotovosti nebo kreditní kartou?** [budɛtɛ platɪt v hotovostɪ nɛbo krɛdɪtni: kartou?]
In contanti | con carta di credito	**v hotovosti | kreditní kartou** [v hotovostɪ | krɛdɪtni: kartou]

Vuole lo scontrino?	**Chcete stvrzenku?** [xtsɛtɛ stvrzɛŋku?]
Si, grazie.	**Ano, prosím.** [ano, prosi:m]
No, va bene così.	**Ne, to je dobré.** [nɛ, to jɛ dobrɛ:]
Grazie. Buona giornata!	**Děkuji. Hezký den.** [dekujɪ. hɛski: dɛn]

In città

Mi scusi, per favore ...	**Promiňte, prosím.** [promɪnʲtɛ, prosiːm]
Sto cercando ...	**Hledám ...** [hlɛdaːm ...]
la metropolitana	**metro** [mɛtro]
il mio albergo	**svůj hotel** [svuːj hotɛl]
il cinema	**kino** [kɪno]
il posteggio taxi	**stanoviště taxíků** [stanovɪʃte taksiːkuː]
un bancomat	**bankomat** [baŋkomat]
un ufficio dei cambi	**směnárnu** [smnenaːrnu]
un internet café	**internetovou kavárnu** [ɪntɛrnɛtovou kavaːrnu]
via ...	**... ulici** [... ulɪtsɪ]
questo posto	**toto místo** [toto miːsto]
Sa dove si trova ...?	**Nevíte, kde je ...?** [nɛviːtɛ, gdɛ jɛ ...?]
Come si chiama questa via?	**Jaká je toto ulice?** [jaka: jɛ toto ulɪtsɛ?]
Può mostrarmi dove ci troviamo?	**Ukažte mi, kde teď jsme.** [ukaʃtɛ mɪ, gdɛ tɛdʲ jsmɛ]
Posso andarci a piedi?	**Dostanu se tam pěšky?** [dostanu sɛ tam pɛʃkɪ?]
Avete la piantina della città?	**Máte mapu tohoto města?** [maːtɛ mapu tohoto mnesta?]
Quanto costa un biglietto?	**Kolik stojí vstupenka?** [kolɪk stojiː vstupɛŋka?]
Si può fotografare?	**Můžu tady fotit?** [muːʒu tadɪ fotɪt?]
E' aperto?	**Máte otevřeno?** [maːtɛ otɛvrʒɛno?]

Quando aprite?

Kdy otvíráte?
[gdɪ otvi:ra:tɛ?]

Quando chiudete?

Kdy zavíráte?
[gdɪ zavi:ra:tɛ?]

Soldi

Soldi	**peníze** [pɛniːzɛ]
contanti	**hotovost** [hotovost]
banconote	**papírové peníze** [papiːrovɛ: pɛniːzɛ]
monete	**drobné** [drobnɛ:]
conto | resto | mancia	**účet | drobné | spropitné** [uːtʃɛt | drobnɛ: | spropɪtnɛ:]
carta di credito	**kreditní karta** [krɛdɪtni: karta]
portafoglio	**peněženka** [pɛnɛʒɛŋka]
comprare	**koupit** [koupɪt]
pagare	**platit** [platɪt]
multa	**pokuta** [pokuta]
gratuito	**zdarma** [zdarma]
Dove posso comprare ...?	**Kde dostanu koupit ...?** [gdɛ dostanu koupɪt ...?]
La banca è aperta adesso?	**Je teď otevřená banka?** [jɛ tɛdʲ otɛvrʒɛna: baŋka?]
Quando apre?	**Kdy otvírají?** [gdɪ otviːraji:?]
Quando chiude?	**Kdy zavírají?** [gdɪ zaviːraji:?]
Quanto costa?	**Kolik?** [kolɪk?]
Quanto costa questo?	**Kolik to stojí?** [kolɪk to stoji:?]
È troppo caro.	**To je příliš drahé.** [to jɛ prʃiːlɪʃ drahɛ:]
Scusi, dov'è la cassa?	**Promiňte, kde můžu zaplatit?** [promɪnʲtɛ, gdɛ muːʒu zaplatɪt?]
Il conto, per favore.	**Účet, prosím.** [uːtʃɛt, prosi:m]

Posso pagare con la carta di credito?	**Můžu platit kreditní kartou?** [muːʒu platɪt krɛdɪtniː kartou?]
C'è un bancomat?	**Je tady bankomat?** [jɛ tadɪ baŋkomat?]
Sto cercando un bancomat.	**Hledám bankomat.** [hlɛdaːm baŋkomat]
Sto cercando un ufficio dei cambi.	**Hledám směnárnu.** [hlɛdaːm smnenaːrnu]
Vorrei cambiare ...	**Chtěl bych si vyměnit ...** [xtel bɪx sɪ vɪmnenɪt ...]
Quanto è il tasso di cambio?	**Jaký je kurz?** [jakiː jɛ kurs?]
Ha bisogno del mio passaporto?	**Potřebujete můj pas?** [potrʒɛbujɛtɛ muːj pas?]

Le ore

Che ore sono?	**Kolik je hodin?** [kolɪk jɛ hodɪn?]
Quando?	**Kdy?** [gdɪ?]
A che ora?	**V kolik hodin?** [v kolɪk hodɪn?]
adesso | più tardi | dopo ...	**teď | později | po ...** [tɛdʲ | pozdejɪ | po ...]

l'una	**jedna hodina** [jɛdna hodɪna]
l'una e un quarto	**čtvrt na dvě** [tʃtvrt na dve]
l'una e trenta	**půl druhé** [puːl druhɛː]
l'una e quarantacinque	**tři čtvrtě na dvě** [trʒɪ tʃtvrte na dve]

uno | due | tre	**jedna | dvě | tři** [jɛdna | dve | trʒɪ]
quattro | cinque | sei	**čtyři | pět | šest** [tʃtɪrʒɪ | pet | ʃɛst]
sette | otto | nove	**sedm | osm | devět** [sɛdm | osm | dɛvet]
dieci | undici | dodici	**deset | jedenáct | dvanáct** [dɛsɛt | jɛdɛnaːtst | dvanaːtst]

fra ...	**za ...** [za ...]
cinque minuti	**pět minut** [pet mɪnut]
dieci minuti	**deset minut** [dɛsɛt mɪnut]
quindici minuti	**patnáct minut** [patnaːtst mɪnut]
venti minuti	**dvacet minut** [dvatsɛt mɪnut]
mezzora	**půl hodiny** [puːl hodɪnɪ]
un'ora	**hodinu** [hodɪnu]

la mattina	**dopoledne** [dopolɛdnɛ]
la mattina presto	**brzy ráno** [brzɪ ra:no]
questa mattina	**dnes dopoledne** [dnɛs dopolɛdnɛ]
domani mattina	**zítra dopoledne** [zi:tra dopolɛdnɛ]

all'ora di pranzo	**v poledne** [v polɛdnɛ]
nel pomeriggio	**odpoledne** [otpolɛdnɛ]
la sera	**večer** [vɛtʃɛr]
stasera	**dnes večer** [dnɛs vɛtʃɛr]

la notte	**v noci** [v notsɪ]
ieri	**včera** [vtʃɛra]
oggi	**dnes** [dnɛs]
domani	**zítra** [zi:tra]
dopodomani	**pozítří** [pozi:trʃi:]

Che giorno è oggi?	**Kolikátého je dnes?** [kolɪka:tɛ:ho jɛ dnɛs?]
Oggi è ...	**Dnes je ...** [dnɛs jɛ ...]
lunedì	**pondělí** [pondeli:]
martedì	**úterý** [u:tɛri:]
mercoledì	**středa** [strʒɛda]

giovedì	**čtvrtek** [tʃtvrtɛk]
venerdì	**pátek** [pa:tɛk]
sabato	**sobota** [sobota]
domenica	**neděle** [nɛdelɛ]

Saluti - Presentazione

Salve.	**Dobrý den.** [dobri: dɛn]
Lieto di conoscerla.	**Těší mě, že vás poznávám.** [teʃi: mne, ʒe va:s pozna:va:m]
Il piacere è mio.	**Mě také.** [mne takɛ:]
Vi presento …	**Rád /Ráda/ bych** **vás seznámil /seznámila/ …** [ra:d /ra:da/ bɪx va:s sɛzna:mɪl /sɛzna:mɪla/ …]
Molto piacere.	**Těší mě.** [teʃi: mne]

Come sta?	**Jak se máte?** [jak sɛ ma:tɛ?]
Mi chiamo …	**Jmenuju se …** [jmɛnuju sɛ …]
Si chiama … (m)	**On se jmenuje …** [on sɛ jmɛnujɛ …]
Si chiama … (f)	**Ona se jmenuje …** [ona sɛ jmɛnujɛ …]
Come si chiama?	**Jak se jmenujete?** [jak sɛ jmɛnujɛtɛ?]
Come si chiama lui?	**Jak se jmenuje?** [jak sɛ jmɛnujɛ?]
Come si chiama lei?	**Jak se jmenuje?** [jak sɛ jmɛnujɛ?]

Qual'è il suo cognome?	**Jaké je vaše příjmení?** [jakɛ: jɛ vaʃɛ prʒi:jmɛni:?]
Può chiamarmi …	**Můžete mi říkat …** [mu:ʒetɛ mɪ rʒi:kat …]
Da dove viene?	**Odkud jste?** [otkut jstɛ?]
Vengo da …	**Jsem z …** [jsɛm s …]
Che lavoro fa?	**Čím jste?** [tʃi:m jstɛ?]

Chi è?	**Kdo to je?** [gdo to jɛ?]
Chi è lui?	**Kdo je on?** [gdo jɛ on?]

Chi è lei?	**Kdo je ona?** [gdo jɛ ona?]
Chi sono loro?	**Kdo jsou oni?** [gdo jsou onɪ?]

Questo è ...	**To je ...** [to jɛ ...]
il mio amico	**můj přítel** [mu:j prʃi:tɛl]
la mia amica	**moje přítelkyně** [mojɛ prʃi:tɛlkɪne]
mio marito	**můj manžel** [mu:j manʒel]
mia moglie	**moje manželka** [mojɛ manʒelka]

mio padre	**můj otec** [mu:j otɛts]
mia madre	**moje matka** [mojɛ matka]
mio fratello	**můj bratr** [mu:j bratr]
mia sorella	**moje sestra** [mojɛ sɛstra]
mio figlio	**můj syn** [mu:j sɪn]
mia figlia	**moje dcera** [mojɛ dtsɛra]

Questo è nostro figlio.	**To je náš syn.** [to jɛ na:ʃ sɪn]
Questa è nostra figlia.	**To je naše dcera.** [to jɛ naʃɛ dtsɛra]
Questi sono i miei figli.	**To jsou moje děti.** [to jsou mojɛ detɪ]
Questi sono i nostri figli.	**To jsou naše děti.** [to jsou naʃɛ detɪ]

Saluti di commiato

Arrivederci!	**Na shledanou!** [na sxlɛdanou!]
Ciao!	**Ahoj!** [ahoj!]
A domani.	**Uvidíme se zítra.** [uvɪdi:mɛ sɛ zi:tra]
A presto.	**Brzy ahoj.** [brzɪ ahoj]
Ci vediamo alle sette.	**Ahoj v sedm.** [ahoj v sɛdm]

Divertitevi!	**Hezkou zábavu!** [hɛskou za:bavu!]
Ci sentiamo più tardi.	**Promluvíme si později.** [promluvi:mɛ sɪ pozdejɪ]
Buon fine settimana.	**Hezký víkend.** [hɛskɪ vi:kɛnt]
Buona notte	**Dobrou noc.** [dobrou nots]

Adesso devo andare.	**Už musím jít.** [uʒ musi:m ji:t]
Devo andare.	**Musím jít.** [musi:m ji:t]
Torno subito.	**Hned se vrátím.** [hnɛt sɛ vra:ti:m]

È tardi.	**Je pozdě.** [jɛ pozde]
Domani devo alzarmi presto.	**Musím brzy vstávat.** [musi:m brzɪ vsta:vat]
Parto domani.	**Zítra odjíždím.** [zi:tra odji:ʒdi:m]
Partiamo domani.	**Zítra odjíždíme.** [zi:tra odji:ʒdi:mɛ]

Buon viaggio!	**Hezký výlet!** [hɛskɪ: vɪlɛt!]
È stato un piacere conoscerla.	**Jsem rád /ráda/, že jsem vás poznal /poznala/.** [jsɛm ra:d /ra:da/, ʒe jsɛm va:s poznal /poznala/]

È stato un piacere parlare con lei.

Rád /Ráda/ jsem si s vámi popovídal /popovídala/.
[ra:d /ra:da/ jsɛm sɪ s va:mɪ popovi:dal /popovi:dala/]

Grazie di tutto.

Děkuji vám za všechno.
[dekujɪ va:m za vʃɛxno]

Mi sono divertito.

Měl /Měla/ jsem se moc dobře.
[mnel /mnela/ jsɛm sɛ mots dobrӡɛ]

Ci siamo divertiti.

Měli /Měly/ jsme se moc dobře.
[mnelɪ /mnelɪ/ jsmɛ sɛ mots dobrӡɛ]

È stato straordinario.

Bylo to fakt skvělé.
[bɪlo to fakt skvelɛ:]

Mi mancherà.

Bude se mi po tobě stýskat.
[budɛ sɛ mɪ po tobe sti:skat]

Ci mancherà.

Bude se nám po vás stýskat.
[budɛ sɛ na:m po va:s sti:skat]

Buona fortuna!

Hodně štěstí!
[hodne ʃtesti:!]

Mi saluti ...

Pozdravuj ...
[pozdravuj ...]

Lingua straniera

Non capisco.	**Nerozumím.** [nɛrozumi:m]
Può scriverlo, per favore.	**Napište to, prosím.** [napɪʃtɛ to, prosi:m]
Parla ...?	**Mluvíte ...?** [mluvi:tɛ ...?]

Parlo un po' ...	**Mluvím trochu ...** [mluvi:m troxu ...]
inglese	**anglicky** [anglɪtskɪ]
turco	**turecky** [turɛtskɪ]
arabo	**arabsky** [arapskɪ]
francese	**francouzsky** [frantsouskɪ]

tedesco	**německy** [nemɛtskɪ]
italiano	**italsky** [ɪtalskɪ]
spagnolo	**španělsky** [ʃpanelskɪ]
portoghese	**portugalsky** [portugalskɪ]
cinese	**čínsky** [tʃi:nskɪ]
giapponese	**japonsky** [japonskɪ]

Può ripetere, per favore.	**Můžete to prosím zopakovat.** [mu:ʒetɛ to prosi:m zopakovat]
Capisco.	**Rozumím.** [rozumi:m]
Non capisco.	**Nerozumím.** [nɛrozumi:m]
Può parlare più piano, per favore.	**Mluvte prosím pomalu.** [mluftɛ prosi:m pomalu]

| È corretto? | **Je to správně?**
[jɛ to spra:vne?] |
| Cos'è questo? (Cosa significa?) | **Co to je?**
[tso to jɛ?] |

Chiedere scusa

Mi scusi, per favore.	**Promiňte, prosím.** [promɪnʲtɛ, prosiːm]
Mi dispiace.	**Omlouvám se.** [omlouvaːm sɛ]
Mi dispiace molto.	**Je mi to opravdu líto.** [jɛ mɪ to opravdu liːto]
Mi dispiace, è colpa mia.	**Omlouvám se, je to moje chyba.** [omlouvaːm sɛ, jɛ to mojɛ xɪba]
È stato un mio errore.	**Moje chyba.** [mojɛ xɪba]

Posso ...?	**Můžu ...?** [muːʒu ...?]
Le dispiace se ...?	**Nevadilo by vám, kdybych ...?** [nɛvadɪlo bɪ vaːm, gdɪbɪx ...?]
Non fa niente.	**Nic se nestalo.** [nɪts sɛ nɛstalo]
Tutto bene.	**To je v pořádku.** [to jɛ v porʒaːtku]
Non si preoccupi.	**Tím se netrapte.** [tiːm sɛ nɛtraptɛ]

Essere d'accordo

Sì.	**Ano.** [ano]
Sì, certo.	**Ano, jistě.** [ano, jɪste]
Bene.	**Dobrá.** [dobra:]
Molto bene.	**Dobře.** [dobrʒɛ]
Certamente!	**Samozřejmě!** [samozrʒɛjmne!]
Sono d'accordo.	**Souhlasím.** [souhlasi:m]

Esatto.	**To je správně.** [to jɛ spra:vne]
Giusto.	**To je v pořádku.** [to jɛ v porʒa:tku]
Ha ragione.	**Máte pravdu.** [ma:tɛ pravdu]
È lo stesso.	**Nevadí mi to.** [nɛvadi: mɪ to]
È assolutamente corretto.	**To je naprosto správně.** [to jɛ naprosto spra:vne]

È possibile.	**Je to možné.** [jɛ to moʒnɛ:]
È una buona idea.	**To je dobrý nápad.** [to jɛ dobri: na:pat]
Non posso dire di no.	**Nemůžu říct ne.** [nɛmu:ʒu rʒi:tst nɛ]
Ne sarei lieto /lieta/.	**Hrozně rád /ráda/.** [hrozne ra:d /ra:da/]
Con piacere.	**S radostí.** [s radosti:]

Diniego. Esprimere incertezza

No.	**Ne.** [nɛ]
Sicuramente no.	**Určitě ne.** [urtʃɪte nɛ]
Non sono d'accordo.	**Nesouhlasím.** [nɛsouhlasi:m]
Non penso.	**Myslím, že ne.** [mɪsli:m, ʒe nɛ]
Non è vero.	**To není pravda.** [to nɛni: pravda]

Si sbaglia.	**Mýlíte se.** [mɪli:tɛ sɛ]
Penso che lei si stia sbagliando.	**Myslím, že se mýlíte.** [mɪsli:m, ʒe sɛ mi:li:tɛ]
Non sono sicuro.	**Nejsem si jist /jista/.** [nɛjsɛm sɪ jɪst /jɪsta/]
È impossibile.	**To je nemožné.** [to jɛ nɛmoʒnɛ:]
Assolutamente no!	**Nic takového!** [nɪts takovɛ:ho!]

Esattamente il contrario!	**Přesně naopak.** [prʃɛsne naopak]
Sono contro.	**Jsem proti.** [jsɛm protɪ]
Non m'interessa.	**Je mi to jedno.** [jɛ mɪ to jɛdno]
Non ne ho idea.	**Nemám ani ponětí.** [nɛma:m anɪ poneti:]
Dubito che sia così.	**To pochybuju.** [to poxɪbuju]

Mi dispiace, non posso.	**Bohužel, nemůžu.** [bohuʒel, nɛmu:ʒu]
Mi dispiace, non voglio.	**Bohužel, nechci.** [bohuʒel, nɛxtsɪ]

Non ne ho bisogno, grazie.	**Děkuju, ale to já nepotřebuju.** [dekuju, alɛ to ja: nɛpotrʒɛbuju]
È già tardi.	**Už je pozdě.** [uʒ jɛ pozde]

Devo alzarmi presto.

Musím brzy vstávat.
[musi:m brzɪ vsta:vat]

Non mi sento bene.

Necítím se dobře.
[nɛtsi:ti:m sɛ dobrʒɛ]

Esprimere gratitude

Grazie.	**Děkuju.** [dekuju]
Grazie mille.	**Děkuju mockrát.** [dekuju motskra:t]
Le sono riconoscente.	**Opravdu si toho vážím.** [opravdu sɪ toho va:ʒi:m]
Le sono davvero grato.	**Jsem vám opravdu vděčný /vděčná/.** [jsɛm va:m opravdu vdetʃni: /vdetʃna:/]
Le siamo davvero grati.	**Jsme vám opravdu vděční.** [jsmɛ va:m opravdu vdetʃni:]

Grazie per la sua disponibilità.	**Děkuju za váš čas.** [dekuju za va:ʃ tʃas]
Grazie di tutto.	**Děkuju za všechno.** [dekuju za vʃɛxno]
Grazie per ...	**Děkuju za ...** [dekuju za ...]
il suo aiuto	**vaši pomoc** [vaʃɪ pomots]
il bellissimo tempo	**příjemně strávený čas** [prʒi:jɛme stra:vɛnɪ tʃas]

il delizioso pranzo	**skvělé jídlo** [skvelɛ: ji:dlo]
la bella serata	**příjemný večer** [prʒi:jɛmnɪ vɛtʃɛr]
la bella giornata	**nádherný den** [na:dhɛrni: dɛn]
la splendida gita	**úžasnou cestu** [u:ʒasnou tsɛstu]

Non c'è di che.	**To nestojí za řeč.** [to nɛstoji: za rʒɛtʃ]
Prego.	**Není zač.** [nɛni: zatʃ]
Con piacere.	**Je mi potěšením.** [jɛ mɪ poteʃɛni:m]
È stato un piacere.	**S radostí.** [s radosti:]
Non ci pensi neanche.	**To nestojí za řeč.** [to nɛstoji: za rʒɛtʃ]
Non si preoccupi.	**Tím se netrapte.** [ti:m sɛ nɛtraptɛ]

Congratulazioni. Auguri

Congratulazioni!	**Blahopřeju!**
	[blahoprʒɛju!]
Buon compleanno!	**Všechno nejlepší k narozeninám!**
	[vʃɛxno nɛjlɛpʃi: k narozɛnɪna:m!]
Buon Natale!	**Veselé Vánoce!**
	[vɛsɛlɛ: va:notsɛ!]
Felice Anno Nuovo!	**Šťastný nový rok!**
	[ʃtʲastni: novi: rok!]

Buona Pasqua!	**Veselé Velikonoce!**
	[vɛsɛlɛ: vɛlɪkonotsɛ!]
Felice Hanukkah!	**Šťastnou Chanuku!**
	[ʃtʲastnou xanuku!]

Vorrei fare un brindisi.	**Chtěl /Chtěla/ bych pronést přípitek.**
	[xtel /xtela/ bɪx pronɛ:st prʒi:pɪtɛk]
Salute!	**Na zdraví!**
	[na zdravi:!]
Beviamo a …!	**Pojďme se napít na …!**
	[pojdʲmɛ sɛ napi:t na …!]
Al nostro successo!	**Na náš úspěch!**
	[na na:ʃ u:spex!]
Al suo successo!	**Na váš úspěch!**
	[na va:ʃ u:spex!]

Buona fortuna!	**Hodně štěstí!**
	[hodne ʃtesti:!]
Buona giornata!	**Hezký den!**
	[hɛski: dɛn!]
Buone vacanze!	**Hezkou dovolenou!**
	[hɛskou dovolɛnou!]
Buon viaggio!	**Šťastnou cestu!**
	[ʃtʲastnou tsɛstu!]
Spero guarisca presto!	**Doufám, že se brzy uzdravíte!**
	[doufa:m, ʒe sɛ brzɪ uzdravi:tɛ!]

Socializzare

Perchè è triste?	**Proč jste smutný /smutná/?** [protʃ jstɛ smutni: /smutna:/?]
Sorrida!	**Usmějte se! Hlavu vzhůru!** [usmnejtɛ sɛ! hlavu vzhu:ru!]
È libero stasera?	**Máte dnes večer čas?** [ma:tɛ dnɛs vɛtʃɛr tʃas?]
Posso offrirle qualcosa da bere?	**Můžu vám nabídnout něco k pití?** [muːʒu vaːm nabiːdnout netso k pɪtiː?]
Vuole ballare?	**Smím prosit?** [smiːm prosiːt?]
Andiamo al cinema.	**Nechcete jít do kina?** [nɛxtsɛtɛ jiːt do kɪna?]
Posso invitarla ...?	**Můžu vás pozvat ...?** [muːʒu vaːs pozvat ...?]
al ristorante	**do restaurace** [do rɛstauratsɛ]
al cinema	**do kina** [do kɪna]
a teatro	**do divadla** [do dɪvadla]
a fare una passeggiata	**na procházku** [na proxaːsku]
A che ora?	**V kolik hodin?** [v kolɪk hodɪn?]
stasera	**dnes večer** [dnɛs vɛtʃɛr]
alle sei	**v šest** [v ʃɛst]
alle sette	**v sedm** [v sɛdm]
alle otto	**v osm** [v osm]
alle nove	**v devět** [v dɛvet]
Le piace qui?	**Líbí se vám tady?** [liːbiː sɛ vaːm tadɪ?]
È qui con qualcuno?	**Jste tady s někým?** [jstɛ tadɪ s nekiːm?]
Sono con un amico /una amica/.	**Jsem tady s přítelem /přítelkyní/.** [jsɛm tadɪ s prʒiːtɛlɛm /prʒiːtɛlkɪniː/]

Sono con i miei amici.	**Jsem tady s přáteli.** [jsɛm tadɪ s prʒaːtɛlɪ]
No, sono da solo /sola/.	**Ne, jsem tady sám /sama/.** [nɛ, jsɛm tadɪ saːm /sama/]

Hai il ragazzo?	**Máš přítele?** [maːʃ prʃiːtɛlɛ?]
Ho il ragazzo.	**Mám přítele.** [maːm prʃiːtɛlɛ]
Hai la ragazza?	**Máš přítelkyni?** [maːʃ prʃiːtɛlkɪnɪ?]
Ho la ragazza.	**Mám přítelkyni.** [maːm prʃiːtɛlkɪnɪ]

Posso rivederti?	**Můžu tě zase vidět?** [muːʒu te zasɛ vɪdet?]
Posso chiamarti?	**Můžu ti zavolat?** [muːʒu tɪ zavolat?]
Chiamami.	**Zavolej mi.** [zavolɛj mɪ]
Qual'è il tuo numero?	**Jaké je tvoje číslo?** [jakɛː jɛ tvojɛ tʃiːslo?]
Mi manchi.	**Stýská se mi po tobě.** [stiːska: sɛ mɪ po tobe]

Ha un bel nome.	**Máte krásné jméno.** [maːtɛ kraːsnɛː jmɛːno]
Ti amo.	**Miluju tě.** [mɪluju te]
Mi vuoi sposare?	**Vezmeš si mě?** [vɛzmɛʃ sɪ mne?]
Sta scherzando!	**Děláte si legraci!** [delaːtɛ sɪ lɛgratsɪ!]
Sto scherzando.	**Žertoval /Žertovala/ jsem.** [ʒertoval /ʒertovala/ jsɛm]

Lo dice sul serio?	**Myslíte to vážně?** [mɪsliːtɛ to vaːʒne?]
Sono serio.	**Myslím to vážně.** [mɪsliːm to vaːʒne]
Davvero?!	**Opravdu?!** [opravdu?!]
È incredibile!	**To je neuvěřitelné!** [to jɛ nɛuverʒɪtɛlnɛ:!]
Non le credo.	**Nevěřím vám.** [nɛverʒiːm vaːm]
Non posso.	**Nemůžu.** [nɛmuːʒu]
No so.	**Nevím.** [nɛviːm]
Non la capisco.	**Nerozumím vám.** [nɛrozumiːm vaːm]

Per favore, vada via.	**Odejděte prosím.** [odɛjdetɛ prosi:m]
Mi lasci in pace!	**Nechte mě na pokoji!** [nɛxtɛ mne na pokojɪ!]

Non lo sopporto.	**Nesnáším ho.** [nɛsna:ʃi:m ho]
Lei è disgustoso!	**Jste odporný!** [jstɛ otporni:!]
Chiamo la polizia!	**Zavolám policii!** [zavola:m polɪtsɪjɪ!]

Comunicare impressioni ed emozioni

Mi piace.	**Líbí se mi to.** [li:bi: sɛ mɪ to]
Molto carino.	**Moc pěkné.** [mots peknɛ:]
È formidabile!	**To je skvělé!** [to jɛ skvelɛ:!]
Non è male.	**To není špatné.** [to nɛni: ʃpatnɛ:]

Non mi piace.	**Nelíbí se mi to.** [nɛli:bi: sɛ mɪ to]
Non è buono.	**To není dobře.** [to nɛni: dobrʒɛ]
È cattivo.	**To je špatné.** [to jɛ ʃpatnɛ:]
È molto cattivo.	**Je to moc špatné.** [jɛ to mots ʃpatnɛ:]
È disgustoso.	**To je odporné.** [to jɛ otpornɛ:]

Sono felice.	**Jsem šťastný /šťastná/.** [jsɛm ʃťastni: /ʃťastna:/]
Sono contento /contenta/.	**Jsem spokojený /spokojená/.** [jsɛm spokojɛni: /spokojɛna:/]
Sono innamorato /innamorata/.	**Jsem zamilovaný /zamilovaná/.** [jsɛm zamɪlovani: /zamɪlovana:/]
Sono calmo.	**Jsem klidný /klidná/.** [jsɛm klɪdni: /klɪdna:/]
Sono annoiato.	**Nudím se.** [nudi:m sɛ]

Sono stanco /stanca/.	**Jsem unavený /unavená/.** [jsɛm unavɛni: /unavɛna:/]
Sono triste.	**Jsem smutný /smutná/.** [jsɛm smutni: /smutna:/]
Sono spaventato.	**Jsem vystrašený /vystrašená/.** [jsɛm vɪstraʃɛni: /vɪstraʃɛna:/]
Sono arrabbiato /arrabiata/.	**Zlobím se.** [zlobi:m sɛ]
Sono preoccupato /preoccupata/.	**Mám starosti.** [ma:m starostɪ]
Sono nervoso /nervosa/.	**Jsem nervózní.** [jsɛm nɛrvózni:]

Sono geloso /gelosa/.

Žárlím.
[ʒaːrliːm]

Sono sorpreso /sorpresa/.

Jsem překvapený /překvapená/.
[jsɛm prʒɛkvapɛni: /prʒɛkvapɛna:/]

Sono perplesso.

Jsem zmatený /zmatená/.
[jsɛm zmatɛni: /zmatɛna:/]

Problemi. Incidenti

Ho un problema.	**Mám problém.** [ma:m problɛ:m]
Abbiamo un problema.	**Máme problém.** [ma:mɛ problɛ:m]
Sono perso /persa/.	**Ztratil /Ztratila/ jsem se.** [stratɪl /stratɪla/ jsɛm sɛ]
Ho perso l'ultimo autobus (treno).	**Zmeškal /Zmeškala/ jsem poslední autobus (vlak).** [zmɛʃkal /zmɛʃkala/ jsɛm poslɛdni: autobus (vlak)]
Non ho più soldi.	**Už nemám žádné peníze.** [uʒ nɛma:m ʒa:dnɛ: pɛni:zɛ]

Ho perso ...	**Ztratil /Ztratila/ jsem ...** [stratɪl /stratɪla/ jsɛm ...]
Mi hanno rubato ...	**Někdo mi ukradl ...** [negdo mɪ ukradl ...]
il passaporto	**pas** [pas]
il portafoglio	**peněženku** [pɛneʒeŋku]
i documenti	**dokumenty** [dokumɛntɪ]
il biglietto	**vstupenku** [vstupɛŋku]

i soldi	**peníze** [pɛni:zɛ]
la borsa	**kabelku** [kabɛlku]
la macchina fotografica	**fotoaparát** [fotoapara:t]
il computer portatile	**počítač** [potʃi:tatʃ]
il tablet	**tablet** [tablɛt]
il telefono cellulare	**mobilní telefon** [mobɪlni: tɛlɛfon]

Aiuto!	**Pomozte mi!** [pomoztɛ mɪ!]
Che cosa è successo?	**Co se stalo?** [tso sɛ stalo?]

fuoco	**požár** [poʒaːr]
sparatoria	**střelba** [strʒɛlba]
omicidio	**vražda** [vraʒda]
esplosione	**výbuch** [viːbux]
rissa	**rvačka** [rvatʃka]

Chiamate la polizia!	**Zavolejte policii!** [zavolɛjtɛ polɪtsɪjɪ!]
Per favore, faccia presto!	**Pospěšte si prosím!** [pospeʃtɛ sɪ prosiːm!]
Sto cercando la stazione di polizia.	**Hledám policejní stanici.** [hlɛdaːm polɪtsɛjniː stanɪtsɪ]
Devo fare una telefonata.	**Potřebuju si zavolat.** [potrʒɛbuju sɪ zavolat]
Posso usare il suo telefono?	**Můžu si od vás zavolat?** [muːʒu sɪ od vaːs zavolat?]

Sono stato /stata/ ...	**Byl /Byla/ jsem ...** [bɪl /bɪla/ jsɛm ...]
aggredito /aggredita/	**přepaden /přepadena/** [prʃɛpadɛn /prʃɛpadɛna/]
derubato /derubata/	**oloupen /oloupena/** [oloupɛn /oloupɛna/]
violentata	**znásilněna** [znaːsɪlnena]
assalito /assalita/	**napaden /napadena/** [napadɛn /napadɛna/]

Lei sta bene?	**Jste v pořádku?** [jstɛ v porʒaːtku?]
Ha visto chi è stato?	**Viděl /Viděla/ jste, kdo to byl?** [vɪdel /vɪdela/ jstɛ, gdo to bɪl?]
È in grado di riconoscere la persona?	**Poznal /Poznala/ byste toho člověka?** [poznal /poznala/ bɪstɛ toho tʃloveka?]
È sicuro?	**Jste si tím jist /jista/?** [jstɛ sɪ tiːm jɪst /jɪsta/?]

Per favore, si calmi.	**Uklidněte se, prosím.** [uklɪdnetɛ sɛ, prosiːm]
Si calmi!	**Uklidněte se!** [uklɪdnetɛ sɛ!]
Non si preoccupi.	**Nebojte se!** [nɛbojtɛ sɛ!]
Andrà tutto bene.	**Všechno bude v pořádku.** [vʃɛxno budɛ v porʒaːtku]
Va tutto bene.	**Vše v pořádku.** [vʃɛ v porʒaːtku]

Venga qui, per favore.

Pojďte sem, prosím.
[pojdⁱtɛ sɛm, prosi:m]

Devo porle qualche domanda.

Mám na vás několik otázek.
[ma:m na va:s nekolɪk ota:zɛk]

Aspetti un momento, per favore.

Okamžik, prosím.
[okamʒɪk, prosi:m]

Ha un documento d'identità?

Máte nějaký průkaz totožnosti?
[ma:tɛ nejaki: pru:kaz totoʒnostɪ?]

Grazie. Può andare ora.

Díky. Teď můžete odejít.
[di:kɪ. tɛdⁱ mu:ʒetɛ odɛji:t]

Mani dietro la testa!

Ruce za hlavu!
[rutsɛ za hlavu!]

È in arresto!

Jste zatčen /zatčena/!
[jstɛ zattʃɛn /zattʃɛna/!]

Problemi di salute

Mi può aiutare, per favore.	**Prosím vás, pomozte mi.** [prosi:m va:s, pomoztɛ mɪ]
Non mi sento bene.	**Necítím se dobře.** [nɛtsi:ti:m sɛ dobrʒɛ]
Mio marito non si sente bene.	**Můj manžel se necítí dobře.** [mu:j manʒel sɛ nɛtsi:ti: dobrʒe]
Mio figlio …	**Můj syn …** [mu:j sɪn …]
Mio padre …	**Můj otec …** [mu:j otɛts …]
Mia moglie non si sente bene.	**Moje manželka se necítí dobře.** [mojɛ manʒelka sɛ nɛtsi:ti: dobrʒe]
Mia figlia …	**Moje dcera …** [mojɛ dtsɛra …]
Mia madre …	**Moje matka …** [mojɛ matka …]
Ho mal di …	**Bolí mě …** [boli: mne …]
testa	**hlava** [hlava]
gola	**v krku** [v krku]
pancia	**žaludek** [ʒaludɛk]
denti	**zub** [zup]
Mi gira la testa.	**Mám závratě.** [ma:m za:vrate]
Ha la febbre. (m)	**On má horečku.** [on ma: horɛtʃku]
Ha la febbre. (f)	**Ona má horečku.** [ona ma: horɛtʃku]
Non riesco a respirare.	**Nemůžu dýchat.** [nɛmu:ʒu di:xat]
Mi manca il respiro.	**Nemůžu se nadechnout.** [nɛmu:ʒu sɛ nadɛxnout]
Sono asmatico.	**Jsem astmatik /astmatička/.** [jsɛm astmatɪk /astmatɪtʃka/]
Sono diabetico /diabetica/.	**Jsem diabetik /diabetička/.** [jsɛm dɪabɛtɪk /dɪabɛtɪtʃka/]

Soffro d'insonnia.	**Nemůžu spát.** [nɛmu:ʒu spa:t]
intossicazione alimentare	**otrava z jídla** [otrava z ji:dla]

Fa male qui.	**Tady to bolí.** [tadɪ to boli:]
Mi aiuti!	**Pomozte mi!** [pomoztɛ mɪ!]
Sono qui!	**Tady jsem!** [tadɪ jsɛm!]
Siamo qui!	**Tady jsme!** [tadɪ jsmɛ!]
Mi tiri fuori di qui!	**Dostaňte mě odtud!** [dostanʲtɛ mne odtut!]
Ho bisogno di un dottore.	**Potřebuju doktora.** [potrʒɛbuju doktora]
Non riesco a muovermi.	**Nemůžu se hýbat.** [nɛmu:ʒu sɛ hi:bat]
Non riesco a muovere le gambe.	**Nemůžu hýbat nohama.** [nɛmu:ʒu hi:bat nohama]

Ho una ferita.	**Jsem zraněný /zraněná/.** [jsɛm zraneni: /zranena:/]
È grave?	**Je to vážné?** [jɛ to va:ʒnɛ:?]
I miei documenti sono in tasca.	**Doklady mám v kapse.** [dokladɪ ma:m v kapsɛ]
Si calmi!	**Uklidněte se!** [uklɪdnetɛ sɛ!]
Posso usare il suo telefono?	**Můžu si od vás zavolat?** [mu:ʒu sɪ od va:s zavolat?]

Chiamate l'ambulanza!	**Zavolejte sanitku!** [zavolɛjtɛ sanɪtku!]
È urgente!	**Je to urgentní!** [jɛ to urgɛntni:!]
È un'emergenza!	**To je pohotovost!** [to jɛ pohotovost!]
Per favore, faccia presto!	**Prosím vás, pospěšte si!** [prosi:m va:s, pospeʃtɛ sɪ!]
Per favore, chiamate un medico.	**Zavolal /Zavolala/ byste prosím lékaře?** [zavolal /zavolala/ bɪstɛ prosi:m lɛ:karʒɛ?]
Dov'è l'ospedale?	**Kde je nemocnice?** [gdɛ jɛ nɛmotsnɪtsɛ?]

Come si sente?	**Jak se cítíte?** [jak sɛ tsi:ti:tɛ?]
Sta bene?	**Jste v pořádku?** [jstɛ v porʒa:tku?]

Che cosa è successo?	**Co se stalo?** [tso sɛ stalo?]
Mi sento meglio ora.	**Teď už se cítím líp.** [tɛdʲ uʒ sɛ tsi:ti:m li:p]
Va bene.	**To je v pořádku.** [to jɛ v porʒa:tku]
Va tutto bene.	**To je v pořádku.** [to jɛ v porʒa:tku]

In farmacia

farmacia	**lékárna** [lɛːkaːrna]
farmacia di turno	**non-stop lékárna** [non-stop lɛːkaːrna]
Dov'è la farmacia più vicina?	**Kde je nejbližší lékárna?** [gdɛ jɛ nɛjblɪʒʃiː lɛːkaːrna?]

È aperta a quest'ora?	**Mají teď otevřeno?** [maji: tɛdʲ otɛvrʒɛno?]
A che ora apre?	**V kolik hodin otvírají?** [v kolɪk hodɪn otviːraji:?]
A che ora chiude?	**V kolik hodin zavírají?** [v kolɪk hodɪn zaviːraji:?]

È lontana?	**Je to daleko?** [jɛ to dalɛko?]
Posso andarci a piedi?	**Dostanu se tam pěšky?** [dostanu sɛ tam pɛʃkɪ?]
Può mostrarmi sulla piantina?	**Můžete mi to ukázat na mapě?** [muːʒetɛ mɪ to uka:zat na mape?]

Per favore, può darmi qualcosa per ...	**Můžete mi prosím vás dát něco na ...** [muːʒetɛ mɪ prosi:m va:s da:t netso na]
il mal di testa	**bolení hlavy** [bolɛni: hlavɪ]
la tosse	**kašel** [kaʃɛl]
il raffreddore	**nachlazení** [naxlazɛni:]
l'influenza	**chřipka** [xrʃɪpka]

la febbre	**horečka** [horɛtʃka]
il mal di stomaco	**bolesti v žaludku** [bolɛstɪ v ʒalutku]
la nausea	**nucení na zvracení** [nutsɛni: na zvratsɛni:]
la diarrea	**průjem** [pruːjɛm]
la costipazione	**zácpa** [za:tspa]
mal di schiena	**bolest v zádech** [bolɛst v za:dɛx]

dolore al petto	**bolest na hrudi** [bolɛst na hrudɪ]
fitte al fianco	**boční steh** [botʃni: stɛh]
dolori addominali	**bolest břicha** [bolɛst brʒɪxa]

pastiglia	**pilulka** [pɪlulka]
pomata	**mast, krém** [mast, krɛ:m]
sciroppo	**sirup** [sɪrup]
spray	**sprej** [sprɛj]
gocce	**kapky** [kapkɪ]

Deve andare in ospedale.	**Musíte jít do nemocnice.** [musi:tɛ ji:t do nɛmotsnɪtsɛ]
assicurazione sanitaria	**zdravotní pojištění** [zdravotni: pojɪʃteni:]
prescrizione	**předpis** [prʃɛtpɪs]
insettifugo	**repelent proti hmyzu** [rɛpɛlɛnt protɪ hmɪzu]
cerotto	**náplast** [na:plast]

Il minimo indispensabile

Mi scusi, ...	**Promiňte, ...** [promɪnˈtɛ, ...]
Buongiorno.	**Dobrý den.** [dobriː dɛn]
Grazie.	**Děkuji.** [dekujɪ]
Arrivederci.	**Na shledanou.** [na sxlɛdanou]
Sì.	**Ano.** [ano]
No.	**Ne.** [nɛ]
Non lo so.	**Nevím.** [nɛviːm]
Dove? | Dove? (~ stai andando?) | Quando?	**Kde? | Kam? | Kdy?** [gdɛ? | kam? | gdɪ?]

Ho bisogno di ...	**Potřebuju ...** [potrʒɛbuju ...]
Voglio ...	**Chci ...** [xtsɪ ...]
Avete ...?	**Máte ...?** [maːtɛ ...?]
C'è un /una/ ... qui?	**Je tady ...?** [jɛ tadɪ ...?]
Posso ...?	**Můžu ...?** [muːʒu ...?]
per favore	**..., prosím** [..., prosiːm]

Sto cercando ...	**Hledám ...** [hlɛdaːm ...]
il bagno	**toaletu** [toalɛtu]
un bancomat	**bankomat** [baŋkomat]
una farmacia	**lékárnu** [lɛːkaːrnu]
un ospedale	**nemocnici** [nɛmotsnɪtsɪ]
la stazione di polizia	**policejní stanici** [polɪtsɛjniː stanɪtsɪ]
la metro	**metro** [mɛtro]

un taxi	**taxík** [taksi:k]
la stazione (ferroviaria)	**vlakové nádraží** [vlakovɛ: na:draʒi:]

Mi chiamo ...	**Jmenuju se ...** [jmɛnuju sɛ ...]
Come si chiama?	**Jak se jmenujete?** [jak sɛ jmɛnujɛtɛ?]
Mi può aiutare, per favore?	**Můžete mi prosím pomoct?** [mu:ʒetɛ mɪ prosi:m pomotst?]
Ho un problema.	**Mám problém.** [ma:m problɛ:m]
Mi sento male.	**Necítím se dobře.** [nɛtsi:ti:m sɛ dobrʒɛ]
Chiamate l'ambulanza!	**Zavolejte sanitku!** [zavolɛjtɛ sanɪtku!]
Posso fare una telefonata?	**Můžu si zavolat?** [mu:ʒu sɪ zavolat?]

Mi dispiace.	**Omlouvám se.** [omlouva:m sɛ]
Prego.	**Není zač.** [nɛni: zatʃ]

io	**Já** [ja:]
tu	**ty** [tɪ]
lui	**on** [on]
lei	**ona** [ona]
loro (m)	**oni** [onɪ]
loro (f)	**ony** [onɪ]
noi	**my** [mɪ]
voi	**vy** [vɪ]
Lei	**vy** [vɪ]

ENTRATA	**VCHOD** [vxot]
USCITA	**VÝCHOD** [vi:xot]
FUORI SERVIZIO	**MIMO PROVOZ** [mɪmo provos]
CHIUSO	**ZAVŘENO** [zavrʒɛno]

APERTO	**OTEVŘENO** [otɛvrʒɛno]
DONNE	**ŽENY** [ʒenɪ]
UOMINI	**MUŽI** [muʒɪ]

MINI DIZIONARIO

Questa sezione contiene
250 termini utili nelle
conversazioni di tutti i giorni.
Potrete Trovare i nomi dei
mesi e dei giorni della
settimana.
Inoltre, il dizionario contiene
diversi argomenti come:
i colori, le unità di misura,
la famiglia e molto altro

T&P Books Publishing

INDICE DEL DIZIONARIO

T&P Books Publishing

1. Orario. Calendario

tempo (m)	**čas** (m)	[t͡ʃas]
ora (f)	**hodina** (ž)	[hodɪna]
mezzora (f)	**půlhodina** (ž)	[puːlhodɪna]
minuto (m)	**minuta** (ž)	[mɪnuta]
secondo (m)	**sekunda** (ž)	[sɛkunda]

oggi (avv)	**dnes**	[dnɛs]
domani	**zítra**	[ziːtra]
ieri (avv)	**včera**	[ft͡ʃɛra]

lunedì (m)	**pondělí** (s)	[pondeliː]
martedì (m)	**úterý** (s)	[uːtɛriː]
mercoledì (m)	**středa** (ž)	[strʃɛda]
giovedì (m)	**čtvrtek** (m)	[t͡ʃtvrtɛk]
venerdì (m)	**pátek** (m)	[paːtɛk]
sabato (m)	**sobota** (ž)	[sobota]
domenica (f)	**neděle** (ž)	[nɛdelɛ]

giorno (m)	**den** (m)	[dɛn]
giorno (m) lavorativo	**pracovní den** (m)	[prat͡sovniː dɛn]
giorno (m) festivo	**sváteční den** (m)	[svaːtɛt͡ʃniː dɛn]
fine (m) settimana	**víkend** (m)	[viːkɛnt]

settimana (f)	**týden** (m)	[tiːdɛn]
la settimana scorsa	**minulý týden**	[mɪnuliː tiːdɛn]
la settimana prossima	**příští týden**	[prʃiːʃti tiːdɛn]

di mattina	**ráno**	[raːno]
nel pomeriggio	**odpoledne**	[otpolɛdnɛ]

di sera	**večer**	[vɛt͡ʃɛr]
stasera	**dnes večer**	[dnɛs vɛt͡ʃɛr]

di notte	**v noci**	[v not͡sɪ]
mezzanotte (f)	**půlnoc** (ž)	[puːlnot͡s]

gennaio (m)	**leden** (m)	[lɛdɛn]
febbraio (m)	**únor** (m)	[uːnor]
marzo (m)	**březen** (m)	[brʒɛzɛn]
aprile (m)	**duben** (m)	[dubɛn]
maggio (m)	**květen** (m)	[kvetɛn]
giugno (m)	**červen** (m)	[t͡ʃɛrvɛn]

luglio (m)	**červenec** (m)	[t͡ʃɛrvɛnɛt͡s]
agosto (m)	**srpen** (m)	[srpɛn]

settembre (m)	září (s)	[za:rʒi:]
ottobre (m)	říjen (m)	[rʒi:jɛn]
novembre (m)	listopad (m)	[lɪstopat]
dicembre (m)	prosinec (m)	[prosɪnɛts]

in primavera	na jaře	[na jarʒɛ]
in estate	v létě	[v lɛ:te]
in autunno	na podzim	[na podzɪm]
in inverno	v zimě	[v zɪmne]

mese (m)	měsíc (m)	[mnesi:ts]
stagione (f) (estate, ecc.)	období (s)	[obdobi:]
anno (m)	rok (m)	[rok]

2. Numeri. Numerali

zero (m)	nula (ž)	[nula]
uno	jeden	[jɛdɛn]
due	dva	[dva]
tre	tři	[trʃɪ]
quattro	čtyři	[tʃtɪrʒɪ]

cinque	pět	[pet]
sei	šest	[ʃɛst]
sette	sedm	[sɛdm]
otto	osm	[osm]
nove	devět	[dɛvet]
dieci	deset	[dɛsɛt]

undici	jedenáct	[jɛdɛna:tst]
dodici	dvanáct	[dvana:tst]
tredici	třináct	[trʃɪna:tst]
quattordici	čtrnáct	[tʃtrna:tst]
quindici	patnáct	[patna:tst]

sedici	šestnáct	[ʃɛstna:tst]
diciassette	sedmnáct	[sɛdmna:tst]
diciotto	osmnáct	[osmna:tst]
diciannove	devatenáct	[dɛvatɛna:tst]

venti	dvacet	[dvatsɛt]
trenta	třicet	[trʃɪtsɛt]
quaranta	čtyřicet	[tʃtɪrʒɪtsɛt]
cinquanta	padesát	[padesa:t

sessanta	šedesát	[ʃɛdɛsa:t
settanta	sedmdesát	[sɛdmdɛsa:t
ottanta	osmdesát	[osmdɛsa:t
novanta	devadesát	[dɛvadɛsa:t
cento	sto	[sto]

duecento	dvě stě	[dve ste]
trecento	tři sta	[trʃɪ sta]
quattrocento	čtyři sta	[ʧtɪrʒɪ sta]
cinquecento	pět set	[pet sɛt]

seicento	šest set	[ʃɛst sɛt]
settecento	sedm set	[sɛdm sɛt]
ottocento	osm set	[osm sɛt]
novecento	devět set	[dɛvet sɛt]
mille	tisíc (m)	[tɪsiːʦ]

| diecimila | deset tisíc | [dɛsɛt tɪsiːʦ] |
| centomila | sto tisíc | [sto tɪsiːʦ] |

| milione (m) | milión (m) | [mɪlɪoːn] |
| miliardo (m) | miliarda (ž) | [mɪlɪarda] |

3. L'uomo. Membri della famiglia

uomo (m) (adulto maschio)	muž (m)	[muʃ]
giovane (m)	jinoch (m)	[jɪnox]
donna (f)	žena (ž)	[ʒena]
ragazza (f)	slečna (ž)	[slɛʧna]
vecchio (m)	stařec (m)	[starʒɛʦ]
vecchia (f)	stařena (ž)	[starʒɛna]

madre (f)	matka (ž)	[matka]
padre (m)	otec (m)	[otɛʦ]
figlio (m)	syn (m)	[sɪn]
figlia (f)	dcera (ž)	[dʦɛra]
fratello (m)	bratr (m)	[bratr]
sorella (f)	sestra (ž)	[sɛstra]

genitori (m pl)	rodiče (m mn)	[rodɪʧɛ]
bambino (m)	dítě (s)	[diːte]
bambini (m pl)	děti (ž mn)	[detɪ]
matrigna (f)	nevlastní matka (ž)	[nɛvlastniː matka]
patrigno (m)	nevlastní otec (m)	[nɛvlastniː otɛʦ]

nonna (f)	babička (ž)	[babɪʧka]
nonno (m)	dědeček (m)	[dedɛʧɛk]
nipote (m) (figlio di un figlio)	vnuk (m)	[vnuk]
nipote (f)	vnučka (ž)	[vnuʧka]
nipoti (pl)	vnuci (m mn)	[vnuʦɪ]

zio (m)	strýc (m)	[striːʦ]
zia (f)	teta (ž)	[tɛta]
nipote (m) (figlio di un fratello)	synovec (m)	[sɪnovɛʦ]
nipote (f)	neteř (ž)	[nɛtɛrʃ]

moglie (f)	žena (ž)	[ʒena]
marito (m)	muž (m)	[muʃ]
sposato (agg)	ženatý	[ʒenati:]
sposata (agg)	vdaná	[vdana:]
vedova (f)	vdova (ž)	[vdova]
vedovo (m)	vdovec (m)	[vdovɛts]

| nome (m) | jméno (s) | [jmɛ:no] |
| cognome (m) | příjmení (s) | [prʃi:jmɛni:] |

parente (m)	příbuzný (m)	[prʃi:buzni:]
amico (m)	přítel (m)	[prʃi:tɛl]
amicizia (f)	přátelství (s)	[prʃa:tɛlstvi:]

partner (m)	partner (m)	[partnɛr]
capo (m), superiore (m)	vedoucí (m)	[vɛdouʦi:]
collega (m)	kolega (m)	[kolɛga]
vicini (m pl)	sousedé (m mn)	[sousɛdɛ:]

4. Corpo umano. Anatomia

corpo (m)	tělo (s)	[telo]
cuore (m)	srdce (s)	[srdʦɛ]
sangue (m)	krev (ž)	[krɛf]
cervello (m)	mozek (m)	[mozɛk]

osso (m)	kost (ž)	[kost]
colonna (f) vertebrale	páteř (ž)	[pa:tɛrʃ]
costola (f)	žebro (s)	[ʒebro]
polmoni (m pl)	plíce (ž mn)	[pli:ʦɛ]
pelle (f)	pleť (ž)	[plɛtʲ]

testa (f)	hlava (ž)	[hlava]
viso (m)	obličej (ž)	[oblɪʧɛj]
naso (m)	nos (m)	[nos]
fronte (f)	čelo (s)	[ʧɛlo]
guancia (f)	tvář (ž)	[tva:rʃ]

bocca (f)	ústa (s mn)	[u:sta]
lingua (f)	jazyk (m)	[jazɪk]
dente (m)	zub (m)	[zup]
labbra (f pl)	rty (m mn)	[rtɪ]
mento (m)	brada (ž)	[brada]

orecchio (m)	ucho (s)	[uxo]
collo (m)	krk (m)	[krk]
occhio (m)	oko (s)	[oko]
pupilla (f)	zornice (ž)	[zornɪʦɛ]
sopracciglio (m)	obočí (s)	[oboʧi:]
ciglio (m)	řasa (ž)	[rʒasa]

capelli (m pl)	vlasy (m mn)	[vlasɪ]
pettinatura (f)	účes (m)	[u:tʃɛs]
baffi (m pl)	vousy (m mn)	[vousɪ]
barba (f)	plnovous (m)	[plnovous]
portare (~ la barba, ecc.)	nosit	[nosɪt]
calvo (agg)	lysý	[lɪsi:]

mano (f)	ruka (ž)	[ruka]
braccio (m)	ruka (ž)	[ruka]
dito (m)	prst (m)	[prst]
unghia (f)	nehet (m)	[nɛhɛt]
palmo (m)	dlaň (ž)	[dlanʲ]

spalla (f)	rameno (s)	[ramɛno]
gamba (f)	noha (ž)	[noha]
ginocchio (m)	koleno (s)	[kolɛno]
tallone (m)	pata (ž)	[pata]
schiena (f)	záda (s mn)	[za:da]

5. Abbigliamento. Accessori personali

vestiti (m pl)	oblečení (s)	[oblɛtʃɛni:]
cappotto (m)	kabát (m)	[kaba:t]
pelliccia (f)	kožich (m)	[koʒɪx]
giubbotto (m), giaccha (f)	bunda (ž)	[bunda]
impermeabile (m)	plášť (m)	[pla:ʃtʲ]

camicia (f)	košile (ž)	[koʃɪlɛ]
pantaloni (m pl)	kalhoty (ž mn)	[kalhotɪ]
giacca (f) (~ di tweed)	sako (s)	[sako]
abito (m) da uomo	pánský oblek (m)	[pa:nski: oblɛk]

abito (m)	šaty (m mn)	[ʃatɪ]
gonna (f)	sukně (ž)	[suknɛ]
maglietta (f)	tričko (s)	[trɪtʃko]
accappatoio (m)	župan (m)	[ʒupan]
pigiama (m)	pyžamo (s)	[pɪʒamo]
tuta (f) da lavoro	pracovní oděv (m)	[pratsovni: odɛʃ]

biancheria (f) intima	spodní prádlo (s)	[spodni: pra:dlo]
calzini (m pl)	ponožky (ž mn)	[ponoʃkɪ]
reggiseno (m)	podprsenka (ž)	[potprsɛŋka]
collant (m)	punčochové kalhoty (ž mn)	[puntʃoxovɛ: kalgotɪ]
calze (f pl)	punčochy (ž mn)	[puntʃoxɪ]
costume (m) da bagno	plavky (ž mn)	[plafkɪ]

cappello (m)	čepice (ž)	[tʃɛpɪtsɛ]
calzature (f pl)	obuv (ž)	[obuʃ]
stivali (m pl)	holínky (ž mn)	[holi:ŋkɪ]
tacco (m)	podpatek (m)	[potpatɛk]

| laccio (m) | tkanička (ž) | [tkanɪʧka] |
| lucido (m) per le scarpe | krém (m) na boty | [krɛːm na botɪ] |

guanti (m pl)	rukavice (ž mn)	[rukavɪʦɛ]
manopole (f pl)	palčáky (m mn)	[palʧaːkɪ]
sciarpa (f)	šála (ž)	[ʃaːla]
occhiali (m pl)	brýle (ž mn)	[briːlɛ]
ombrello (m)	deštník (m)	[dɛʃtniːk]

cravatta (f)	kravata (ž)	[kravata]
fazzoletto (m)	kapesník (m)	[kapesniːk]
pettine (m)	hřeben (m)	[hrʒɛbɛn]
spazzola (f) per capelli	kartáč (m) na vlasy	[kartaːʧ na vlasɪ]

fibbia (f)	spona (ž)	[spona]
cintura (f)	pás (m)	[paːs]
borsetta (f)	kabelka (ž)	[kabɛlka]

6. Casa. Appartamento

appartamento (m)	byt (m)	[bɪt]
camera (f), stanza (f)	pokoj (m)	[pokoj]
camera (f) da letto	ložnice (ž)	[loʒnɪʦɛ]
sala (f) da pranzo	jídelna (ž)	[jiːdɛlna]

salotto (m)	přijímací pokoj (m)	[prʃiji:maʦiː pokoj]
studio (m)	pracovna (ž)	[praʦovna]
ingresso (m)	předsíň (ž)	[prʃɛtsiːnʲ]
bagno (m)	koupelna (ž)	[koupɛlna]
gabinetto (m)	záchod (m)	[zaːxot]

aspirapolvere (m)	vysavač (m)	[vɪsavaʧ]
frettazzo (m)	mop (m)	[mop]
strofinaccio (m)	hadr (m)	[hadr]
scopa (f)	koště (s)	[koʃtɛ]
paletta (f)	lopatka (ž) na smetí	[lopatka na smɛtiː]

mobili (m pl)	nábytek (m)	[naːbɪtɛk]
tavolo (m)	stůl (m)	[stuːl]
sedia (f)	židle (ž)	[ʒɪdlɛ]
poltrona (f)	křeslo (s)	[krʃɛslo]

specchio (m)	zrcadlo (s)	[zrʦadlo]
tappeto (m)	koberec (m)	[kobɛrɛʦ]
camino (m)	krb (m)	[krp]
tende (f pl)	záclony (ž mn)	[zaːʦlonɪ]
lampada (f) da tavolo	stolní lampa (ž)	[stolni: lampa]
lampadario (m)	lustr (m)	[lustr]
cucina (f)	kuchyně (ž)	[kuxɪnɛ]
fornello (m) a gas	plynový sporák (m)	[plɪnoviː sporaːk]

| fornello (m) elettrico | elektrický sporák (m) | [ɛlɛktrɪtski: spora:k] |
| forno (m) a microonde | mikrovlnná pec (ž) | [mɪkrovlnna: pɛts] |

frigorifero (m)	lednička (ž)	[lɛdnɪtʃka]
congelatore (m)	mrazicí komora (ž)	[mrazɪtsi: komora]
lavastoviglie (f)	myčka (ž) nádobí	[mɪtʃka na:dobi:]
rubinetto (m)	kohout (m)	[kohout]

tritacarne (m)	mlýnek (m) na maso	[mli:nɛk na maso]
spremifrutta (m)	odšťavňovač (m)	[otʃtʲavnʲovatʃ]
tostapane (m)	opékač (m) topinek	[opɛ:katʃ topɪnɛk]
mixer (m)	mixér (m)	[mɪksɛ:r]

macchina (f) da caffè	kávovar (m)	[ka:vovar]
bollitore (m)	čajník (m)	[tʃajni:k]
teiera (f)	čajová konvice (ž)	[tʃajova: konvɪtsɛ]

televisore (m)	televizor (m)	[tɛlɛvɪzor]
videoregistratore (m)	videomagnetofon (m)	[vɪdɛomagnɛtofon]
ferro (m) da stiro	žehlička (ž)	[ʒehlɪtʃka]
telefono (m)	telefon (m)	[tɛlɛfon]